Al rescate de los anfibios

Vickie An

© 2020 Smithsonian Institution. El nombre "Smithsonian" y el logo del Smithsonian son marcas registradas de Smithsonian Institution.

Autora contribuyente

Allison Duarte, M.A.

Asesores

Tamieka Grizzle, Ed.D.
Instructora de laboratorio de CTIM de K–5
Escuela primaria Harmony Leland

Brian Gratwicke, Ph.D.
Biólogo especialista en conservación
Smithsonian National Zoo

Créditos de publicación

Rachelle Cracchiolo, M.S.Ed., *Editora comercial*
Conni Medina, M.A.Ed., *Redactora jefa*
Diana Kenney, M.A.Ed., NBCT, *Directora de contenido*
Véronique Bos, *Directora creativa*
Robin Erickson, *Directora de arte*
Seth Rogers, *Editor*
Caroline Gasca, M.S.Ed., *Editora superior*
Mindy Duits, *Diseñadora gráfica superior*
Walter Mladina, *Investigador de fotografía*
Smithsonian Science Education Center

Créditos de imágenes: portada, pág.1 Steven David Miller/Minden Images; pág.5 (superior) Joel Sartore/National Geographic/Getty Images; pág.7 Stephen Dalton/Minden Pictures/Newscom; págs.8–9 Erik McGregor/Pacific Press/Newscom, pág.10 Danté Fenolio/Science Source; pág.11 John Cancalosi/Alamy; págs.12–13, pág.17 (derecha), págs.18–19, pág.22, págs.24–28, pág.32 © Smithsonian; pág.14 Fabio Pupin/FLPA imageBroker/Newscom; pág.15 Emanuele Biggi/FLPA imageBroker/Newscom; pág.21 Matt McClain/para The Washington Post a través de Getty Images; pág.23 Chris Austin, LSU cortesía de WENN/Newscom; todas las demás imágenes cortesía de iStock y/o Shutterstock.

Library of Congress Cataloging-in-Publication Data
Names: An, Vickie, author.
Title: Al rescate de los anfibios / Vickie An, Smithsonian Institution.
Other titles: Amphibian rescue. Spanish
Description: Huntington Beach : Teacher Created Materials Publishing, [2020] | Includes index. | Audience: Grades 2-3
Identifiers: LCCN 2019035322 (print) | LCCN 2019035323 (ebook) | ISBN 9780743926881 (paperback) | ISBN 9780743927031 (ebook)
Subjects: LCSH: Frogs--Conservation--Juvenile literature. | Amphibians--Conservation--Juvenile literature. | Amphibians--Juvenile literature.
Classification: LCC QL668.E2 A4918 2020 (print) | LCC QL668.E2 (ebook) | DDC 639.3/789--dc23

Smithsonian

© 2020 Smithsonian Institution. El nombre "Smithsonian" y el logo del Smithsonian son marcas registradas de Smithsonian Institution.

Teacher Created Materials

5301 Oceanus Drive
Huntington Beach, CA 92649-1030
www.tcmpub.com

ISBN 978-0-7439-2688-1
© 2020 Teacher Created Materials, Inc.
Printed in Malaysia
Thumbprints.25941

Contenido

Anfibios increíbles 4

La desaparición de los anfibios 6

La lucha por las ranas 12

Crear un hogar seguro 18

¡A los saltos! 26

Desafío de CTIAM 28

Glosario 30

Índice 31

Consejos profesionales 32

Anfibios increíbles

Las ranas, los sapos, los tritones y las salamandras son animales sorprendentes. ¿Sabías que las ranas y los sapos usan los ojos para empujar la comida hacia abajo cuando tragan? ¿Sabías que las salamandras y los tritones pueden desarrollar extremidades nuevas? Algunas ranas pueden saltar una distancia que es 20 veces la longitud de su cuerpo. Todos estos animales tienen algo en común: son anfibios.

La palabra *anfibios* viene del griego. *Amphi* significa "dos" o "ambos", y *bios* significa "vida". Los anfibios tienen dos estilos de vida. La mayoría de los anfibios pasan parte de su vida en el agua, pero también pasan tiempo en tierra firme.

Hay anfibios en todo el mundo. Viven en arroyos, bosques lluviosos, desiertos y en todo tipo de lugares que están entre esos extremos. Hay más de 7,500 tipos de anfibios. Muchos están en peligro, pero la ayuda está en camino.

Al crecer, los renacuajos se convierten en ranas que viven en la tierra.

La salamandra china gigante es el anfibio más grande del mundo. Puede alcanzar 1.8 metros (6 pies) de largo.

El tritón americano de lunares rojos es un anfibio.

La desaparición de los anfibios

Los científicos están preocupados por los anfibios. Más de 120 tipos de ranas y salamandras **se han extinguido** en los últimos 40 años. Eso significa que todas han muerto. Ya no existen. Casi la mitad de todas las **especies** de anfibios están en riesgo. Ahora, se ha iniciado una carrera para salvarlos.

Casi todos los anfibios tienen la piel delgada y húmeda. Beben a través de ella. La piel también los ayuda a respirar. Eso los vuelve sensibles a su entorno. Incluso un aumento mínimo de temperatura puede tener un gran impacto en los anfibios.

Los tiempos calurosos pueden causar sequías. Las sequías son períodos largos en los que no hay lluvia. Las lagunas y los pantanos se secan. La mayoría de los anfibios ponen huevos en el agua. Cuando las lagunas se secan, los anfibios no tienen dónde ir.

Una rana pone huevos.

La lengua de las ranas está unida a la parte de adelante de la boca, no a la parte de atrás como en el caso de los seres humanos. Cuando una rana caza, dispara la lengua para atrapar a su alimento.

Más problemas

La pérdida de hábitats es otro de los problemas. El hábitat es el hogar de un animal. Los seres humanos están destruyendo las áreas donde viven los anfibios. Talan los bosques y drenan los **humedales**. Quieren usar los terrenos para construir casas, granjas y tiendas. Las nuevas construcciones ocupan el lugar de los pantanos y las lagunas. Como resultado, los anfibios se quedan sin hogar. Eso ha afectado muchísimo a las ranas.

¿Por qué es importante?

Una disminución en el número de ranas puede causar problemas graves. Las ranas tienen un papel clave en la cadena alimenticia. Comen todo tipo de insectos. Imagina cuántos insectos más andarían zumbando por ahí si no fuera por las ranas. Ellas, a su vez, son el alimento de aves, reptiles y mamíferos. Además, las ranas nos dicen mucho sobre la salud del medioambiente. ¿Cómo? Cuando mueren muchas ranas juntas, es una señal de que algo anda mal.

Los anfibios son animales de sangre fría. Eso significa que no pueden controlar la temperatura de su cuerpo. Suelen sentarse al sol para calentarse.

La construcción daña estos humedales.

Una rana se come a un insecto.

Uno de los mayores peligros que enfrentan las ranas es un hongo. Este hongo mortal se llama *quítrido*. Infecta la piel. Se puede propagar al tocar piel infectada, y también se propaga a través del agua. La enfermedad avanza rápido. Ya ha acabado con decenas de especies de ranas, y cientos más podrían desaparecer pronto.

Nadie sabe de dónde vino el hongo. Los seres humanos transportan ranas por todo el mundo. El hongo puede haber venido de cualquier parte. Algunos piensan que es de África. Podría haberse propagado desde allí, ya que muchos laboratorios usan ranas africanas en las investigaciones. Otros señalan a la rana toro como la culpable. Las patas de esta rana se sirven en restaurantes del mundo entero. Sin importar de dónde viene el hongo, ahora está en casi todos los lugares donde viven las ranas.

La rana de la hoja lémur es una de las especies que están amenazadas por el hongo quítrido.

Puede que esta rana de bosque haya muerto a causa del hongo quítrido.

CIENCIAS
Un hongo peligroso
El hongo quítrido altera la piel de la rana. Dado que la rana respira y bebe a través de la piel, una rana infectada puede morir en pocos meses.

La lucha por las ranas

Los científicos no se dan por vencidos con las ranas. Algunos están trabajando para salvar a las ranas en Panamá. Panamá está en América Central. Tiene un clima cálido y húmedo. Gran parte del país está cubierta de bosques lluviosos, **bosques nubosos** y humedales. Más de doscientas especies de anfibios viven en Panamá.

Lamentablemente, es demasiado tarde para algunas ranas. Algunas especies no se han visto en años. La rana arlequín de Panamá y la rana de cristal también están en problemas. Estas son solo algunas de las ranas afectadas por el hongo quítrido. Pero hay esperanzas. Los científicos han creado un laboratorio de rescate. Es el más grande de este tipo.

Una joven trabaja en un laboratorio de rescate de anfibios en Panamá.

La piel de una sola rana dorada de Panamá contiene suficiente veneno para matar a 1,200 ratones.

Para atrapar ranas, los equipos de investigadores se adentran en la naturaleza. Van a lugares donde piensan que no ha llegado el hongo. Saben que el hongo se propaga a través del agua. Las investigaciones también muestran que el hongo crece más rápido cuando hace frío. Por lo tanto, las ranas que viven en arroyos de montaña frescos son las que más riesgo corren.

No se necesitan trampas especiales para atrapar ranas. En cambio, los científicos usan algo que hay en la mayoría de las cocinas. Aquí tienes una pista: es algo que se usa para guardar los sándwiches del almuerzo. ¡Exacto! Los científicos ponen las ranas en bolsas de plástico. Se aseguran de no tocarlas. Anotan cuándo y dónde las hallaron. Luego, las llevan al centro de rescate.

Un científico estudia una rana europea común.

La mayor parte de Panamá estaba cubierta de bosques lluviosos hasta que se construyó el canal de Panamá en el siglo xx.

Un científico toma una muestra de una rana.

Las ranas pueden ser muy difíciles de ver. Muchas tienen un **camuflaje** natural. Se confunden con su hábitat. Eso las mantiene a salvo de los **depredadores**.

Por lo tanto, los científicos usan los oídos en lugar de los ojos. Pueden identificar a las ranas a partir de su canto. Cada especie de rana tiene un canto **singular**. Es fácil saber qué rana está cerca si conoces su canto.

Al igual que los seres humanos, las ranas tienen cuerdas vocales. También tienen un saco vocal debajo de la boca. El saco se llena de aire y hace que los sonidos sean más fuertes. El canto de algunas ranas se puede oír a 1.6 kilómetros (1 milla) de distancia. Las ranas usan su canto para atraer **pareja**, pedir ayuda y ahuyentar a los depredadores. Pueden croar, chasquear o silbar. ¡Algunas especies incluso parecen ladrar!

Una rana arbórea se prepara para cantar.

rana de corona

rana punta de flecha

ARTE

Jugar al escondite

Confundirse con el entorno es solo una de las formas en que las ranas usan el camuflaje. Otras hacen lo contrario. Algunas ranas usan el **mimetismo** para protegerse. Es decir, parecen más peligrosas de lo que son. Algunas ranas inofensivas han aprendido a imitar los colores brillantes de las ranas venenosas que viven cerca. Los colores brillantes advierten a los demás que las ranas son mortales, aunque no lo son.

Crear un hogar seguro

En el laboratorio, se necesita mucho trabajo en equipo para cuidar a las ranas. Los veterinarios se aseguran de que estén sanas. Los científicos las observan para aprender sobre su comportamiento. Los investigadores estudian el hongo. Juntos, aprenden más sobre las ranas.

El laboratorio de rescate tiene tres partes principales. La primera es un laboratorio de trabajo para los investigadores. La segunda es el lugar donde ponen a las ranas apenas llegan. Allí, se las examina para asegurarse de que no están enfermas. Por último, están las cápsulas de rescate. En total, las siete cápsulas contienen 12 especies de ranas en peligro de extinción.

Los trabajadores del laboratorio de rescate preparan baños para ayudar a las ranas a luchar contra el hongo quítrido.

Hay muchos recipientes dentro de cada cápsula de rescate.

MATEMÁTICAS

¿Cuántas ranas hay?

Los diseñadores tuvieron que decidir cuántos hábitats de ranas cabrían en cada cápsula de rescate. Primero, midieron la longitud de las cápsulas. Luego, midieron la longitud de los recipientes que usarían para los hábitats de las ranas. Por último, dividieron la longitud total de las cápsulas entre la longitud total de los recipientes. Así, supieron cuántos recipientes con hábitats cabrían en cada cápsula de rescate.

Apenas llegan las ranas, les hacen una prueba para saber si están infectadas con el hongo quítrido. Si una rana está enferma, le dan un medicamento. También la limpian con un líquido especial. Para evitar riesgos, la mantienen alejada de las demás ranas durante 30 días. Esto se llama *cuarentena*. Luego, trasladan a la rana a un hábitat hecho especialmente para ella. El medioambiente en el laboratorio debe ser perfecto para que las ranas sobrevivan. No puede ser demasiado caluroso ni demasiado frío. El nivel de humedad en el aire debe ser el correcto. La cantidad de luz también es importante.

A medida que las cápsulas de rescate se ocupan, el número de bocas hambrientas aumenta. Los científicos crían todos los alimentos que comen las ranas. Los grillos y las moscas de la fruta son los platos principales del menú.

Una rana se come a una mosca.

Un científico sostiene un recipiente que adentro tiene una rana.

INGENIERÍA
Reutilizar y reciclar

Hay siete cápsulas de rescate en el laboratorio de Panamá. El nuevo hogar de las ranas se construye dentro de contenedores viejos. Antes, los contenedores se usaban para transportar productos congelados por todo el mundo. Los ingenieros los rediseñaron para usarlos como ecosistemas en miniatura para las ranas.

En algunos casos, las ranas que están en el centro de investigación son las últimas de su tipo. Una de las misiones del proyecto es que las ranas se reproduzcan. *Reproducirse* significa "tener descendencia, o cría". Los científicos esperan que esto ayude a salvar la especie. De esta forma, si las ranas se extinguen en la naturaleza, la especie no desaparecerá por completo.

Los científicos ya cuentan con una victoria. Lograron reproducir con éxito una especie de rana flecha. Esta pequeña rana fue la primera de su tipo que nació en un laboratorio. ¡Es más pequeña que una moneda de diez centavos! Se descubrió en Panamá en 2014. Estos programas de reproducción tienen un objetivo. Apuntan a devolver las ranas a la naturaleza algún día.

rana flecha azul

El anfibio más pequeño del mundo es una especie de rana diminuta llamada *Paedophryne amauensis*. ¡Es más o menos del tamaño de una mosca!

Los investigadores trabajan sin descanso para resolver el problema del hongo quítrido. Al principio, pensaron que las bacterias podrían ayudar. Hay bacterias buenas y bacterias malas. Las bacterias malas pueden hacer que te enfermes. Pero las buenas pueden hacer que estés sano. Los científicos probaron las bacterias buenas en las ranas. Se sabía que estas bacterias combatían hongos. ¿Podría alguna de ellas salvar a las ranas del hongo quítrido?

En un estudio se observó a la rana dorada de Panamá. Los científicos colocaron bacterias en la piel de las ranas. No funcionó. Pero luego recibieron buenas noticias. En una prueba, algunas ranas doradas pudieron combatir el hongo. Pero no fue por las bacterias utilizadas en la prueba. Fue por una mezcla de bacterias que ya vivían en la piel de las ranas. Aún queda mucho por hacer para hallar una respuesta.

una rana dorada de Panamá con sus huevos

La rana dorada de Panamá se ha extinguido en la naturaleza. Hoy, solo existe en laboratorios y zoológicos.

¡A los saltos!

Hoy en día, hay científicos en Panamá que siguen luchando para salvar a las ranas. El laboratorio de investigación dio un salto emocionante hace poco. Liberó 90 ranas arlequín en el bosque lluvioso. Las ranas se habían criado en el laboratorio de rescate. Los investigadores quieren saber si las ranas criadas por seres humanos pueden vivir en la naturaleza. Harán un seguimiento de las ranas todos los días. Esperan que el estudio ayude a salvar a la especie. Tal vez pueda salvar a otras, también.

Los científicos siguen buscando una cura para el hongo quítrido. El laboratorio de rescate ha creado un hogar seguro para 12 especies de ranas que están en peligro de extinción. Eso ayudará a mantener vivas a algunas ranas hasta que los científicos puedan resolver el problema. Por ahora, tendremos que esperar para ver si se puede salvar a las ranas.

Estas ranas serán liberadas en el bosque lluvioso.

TECNOLOGÍA

Rastreo de alta tecnología

Algunas de las ranas arlequín que fueron liberadas llevaban unos radios diminutos. Los radios ayudaban a los científicos a rastrearlas. Fue una de las primeras veces que se hicieron radios para animales tan pequeños. Los radios se ataron a las ranas con un cordel delgado que se caía al cabo de un mes. Se diseñaron así para que los radios se cayeran una vez que se quedaban sin baterías.

DESAFÍO DE CTIAM

Define el problema
Los científicos de Panamá quieren desarrollar otra herramienta para atrapar ranas en la naturaleza. Descubrieron que el hongo quítrido se transmite a la piel de los científicos muy fácilmente con el método actual. ¿Puedes crear una herramienta segura y eficaz?

 Limitaciones: Debes crear tu diseño con materiales y artículos cotidianos que se encuentran en el hogar.

 Criterios: Pondrás a prueba tu diseño usando la herramienta para atrapar un objeto dentro de una pecera y cerca de ella.

Investiga y piensa ideas

¿Dónde atrapan ranas los científicos? ¿Qué usan actualmente para atrapar ranas? ¿Cuáles son las partes más importantes de una herramienta para atrapar ranas?

Diseña y construye

Bosqueja tu herramienta. ¿Qué propósito cumple cada parte? ¿Cuáles son los materiales que mejor funcionarán? Construye el modelo.

Prueba y mejora

Usa tu herramienta para tomar un objeto. ¿Funcionó? ¿Cómo puedes mejorar tu herramienta? Modifica tu diseño y vuelve a intentarlo.

Reflexiona y comparte

¿El modelo es suficientemente resistente para usarlo de nuevo? ¿Qué otros materiales podrías usar para hacer la herramienta? ¿Los científicos podrían darle algún otro uso a esta herramienta?

Glosario

anfibios: animales de sangre fría que pueden vivir en tierra firme y en el agua

bosques nubosos: bosques húmedos de montaña en los que suele haber muchas nubes

camuflaje: una manera de esconderse confundiéndose con el entorno

depredadores: animales que matan y comen otros animales para vivir

especies: grupos de plantas o animales que son parecidos y que pueden producir descendientes

extremidades: brazos, piernas, patas o alas

hongo: un ser vivo que no es una planta ni un animal y vive en la superficie o dentro de las plantas, los animales o la materia en descomposición

humedales: terrenos o áreas que tienen suelos muy húmedos, como los pantanos

mimetismo: una manera de protegerse del peligro en la que un animal copia el color, la apariencia o el comportamiento de un animal más dañino

pareja: un animal que se usa para la reproducción

se han extinguido: han dejado de existir

singular: que no se parece a nada más; especial o poco común

Índice

África, 10

América Central, 12

camuflaje, 16–17

canal de Panamá, 15

hábitat, 8, 16, 19–20

hongo quítrido, 10–12, 14–15, 18, 20, 24, 26, 28

mimetismo, 17

Paedophryne amauensis, 23

Panamá, 12, 15, 21–22, 24, 26, 28

rana arlequín, 12, 26–27

rana de cristal, 12

rana dorada de Panamá, 13, 24–25

rana toro, 10

ranas africanas, 10

salamandra china gigante, 5

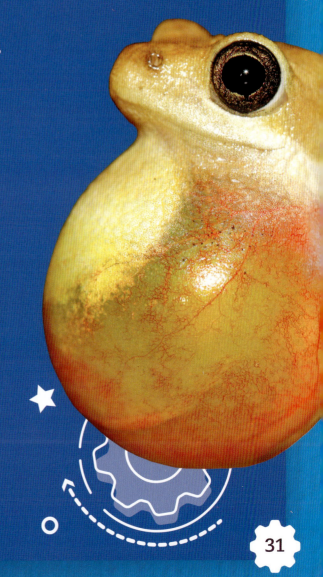

CONSEJOS PROFESIONALES
del Smithsonian

¿Quieres ayudar a los anfibios?
Estos son algunos consejos para empezar.

"De niño, me encantaban los reptiles y los anfibios. El interés en la herpetología me acompañó en el bachillerato y la universidad, ¡y ahora es mi profesión! Si a ti también te gustan los reptiles y los anfibios, estudia biología y zoología. Pasa mucho tiempo observando anfibios en su hábitat natural. Yo siempre aprendo algo nuevo sobre los animales que estudio". — *Dr. Brian Gratwicke, biólogo especialista en conservación*

"Es un honor trabajar con una especie en peligro de extinción como la rana dorada de Panamá. Para cuidarla hay que entender su hábitat y lo que necesita para sobrevivir. Hacer algo para ayudarla me hace sentir bien. Si te gustan las ciencias y estar al aire libre y sientes curiosidad por la naturaleza, tú también puedes ayudar a las ranas en peligro de extinción". —*Matt Evans, biólogo*